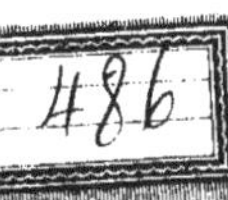

COLLECTIONS

Feu Monsieur Georges Martini

OBJETS D'ART

D'AMEUBLEMENT

TABLEAUX ANCIENS ET MODERNES

GRAVURES

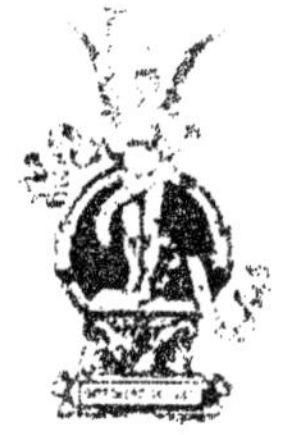

CATALOGUE

DES

OBJETS D'ART

ET

D'AMEUBLEMENT

PORCELAINES DE LA CHINE ET DU JAPON

BOITES, MONTRES, OBJETS DE VITRINE

DU XVIIIe SIÈCLE

ET AUTRES

SCULPTURES, PENDULES, BRONZES

SIÈGES ET MEUBLES

ANCIENS TAPIS D'ORIENT

TABLEAUX ANCIENS ET MODERNES

AQUARELLES, GOUACHES, PASTELS

Par

CHARLIER, DESHAYS, DUPLESSIS, HEINSIUS, [illegible]

A. VAN DER WERFF, P. A. WILLE, [illegible]

E. ISABEY, E. LAMI, PASINI, PH. ROUSSEAU, [illegible]

GRAVURES DES ÉCOLES ANGLAISE ET FRANÇAISE

EN NOIR ET EN COULEUR

COMPOSANT LA

Collection de Feu M. Georges Martini

ET DONT LA VENTE AURA LIEU A PARIS

HOTEL DROUOT, SALLE N° 6

Les Lundi 20, Mardi 21 et Mercredi 22 Février 1911

A deux heures

COMMISSAIRE-PRISEUR

M GEORGES RIDEL

6, rue de [illegible]

EXPERTS

Pour les Gravures :	*Pour les Objets d'art :*	*Pour les Tableaux :*
M. DANLOS	**MM. MANNHEIM**	**M. J. FÉRAL**
15, quai Voltaire	7, rue Saint-Georges	7, rue Saint-Georges

EXPOSITIONS

PARTICULIÈRE : *Le Samedi 18 Février 1911* . . . } DE 1 H. 1/2

PUBLIQUE : *Le Dimanche 19 Février 1911* . . } A 5 H. 1/2

CONDITIONS DE LA VENTE

Elle sera faite au comptant.

Les adjudicataires paieront *dix pour cent* en sus des enchères.

L'exposition mettant le public à même de se rendre compte de l'état et de la nature des objets, il ne sera admis aucune réclamation une fois l'adjudication prononcée.

Paris. — Imprimerie de l'Art, Ch. Berger, 41, rue de la Victoire

ORDRE DES VACATIONS

Le Lundi 20 Février 1911

Faïences et Porcelaines . . . . 56 à 92
Gravures . . . . 1 à 19
Aquarelles, Gouaches, Pastels, Miniatures, Tableaux . . 20 à 55

Le Mardi 21 Février 1911

Montres . . . . 93 à 97
Boîtes, Objets de Vitrine . . . . 98 à 176

Le Mercredi 22 Février 1911

Objets variés, Sculptures . . . . 177 à 204
Pendules, Bronzes . . . . 205 à 221
Meubles . . . . 222 à 263
Etoffes, Tapis . . . . 264 à 274

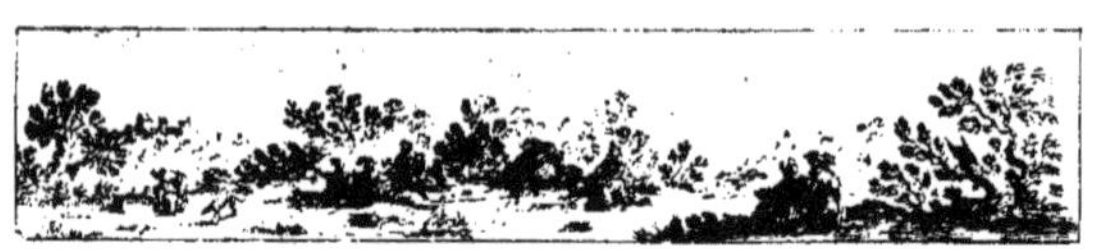

DÉSIGNATION

GRAVURES

BAUDOUIN

D'après P.-A.

1 — *Le Carquois épuisé*, gravé par N. de Launay. E. Bocher, 11.

Très belle épreuve avant la lettre et avant les changements faits depuis dans la bordure. Sans marge.

BAUDOUIN

D'après P.-A.

2 — *Le Lever.*

3 — *La Toilette.* E. B. 29 et 48.

Deux pièces, faisant pendants, gravées par Massard et N. Ponce.

Très belles épreuves avec l'adresse de Basan.

BRÉDA

(D'après C.-F. de)

4 — *Portrait d'une Jeune Femme, à mi-corps, vue de profil à droite.*

Gravé à la manière noire, par S.-W. Reynolds. In-4°.

Superbe épreuve avant la lettre. Grande marge.

DEBUCOURT

(L.-Ph.)

5 — *Heur et Malheur, ou la Cruche cassée.*

6 — *L'Escalade ou les Adieux du matin.* (M. Fenaille, 12 et 13.)

Deux très belles pièces, faisant pendants, publiées en 1787.

Très belles épreuves imprimées en couleurs.

DEBUCOURT

(L.-Ph.)

7 — *La Promenade publique.* (M. F., 33.)

Pièce capitale du maître, publiée en 1792

Très belle épreuve imprimée en couleurs

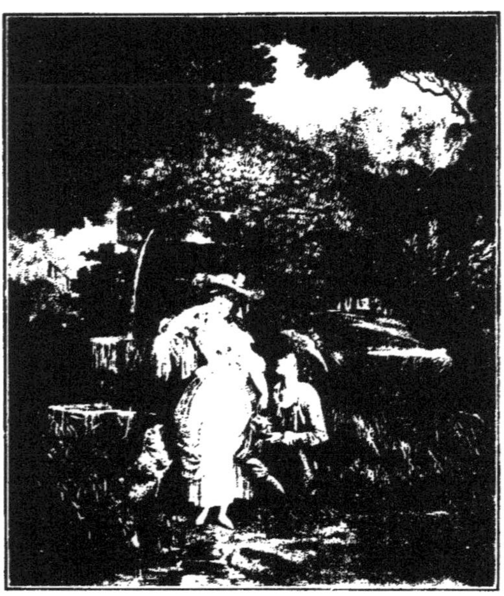

5

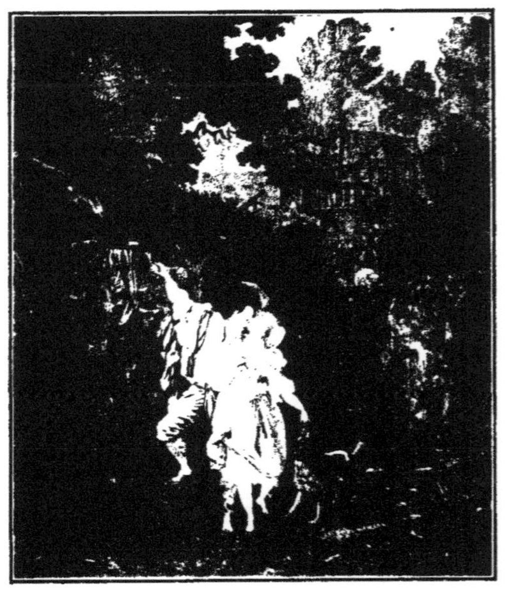

6

DEBUCOURT

(L.-PH.)

8 — *Elle est prise.* (M. F., 35.)

Très belle épreuve imprimée en couleurs. Remargée à l'époque.

DEBUCOURT

(L.-PH.)

9 — *Il est pris.* (M. F., 34.)

Très belle épreuve coloriée, tirée avant la suppression de la main de la jeune femme et du poisson qu'elle tenait. Grande marge.

FRAGONARD

(D'après H.)

10 — *Les Hazards heureux de l'Escarpolette*, gravé par N. de Launay.

Superbe épreuve avec la faute au mot Escarpolette, le pied est écrit avec un *s*; la marge inférieure est coupée à la hauteur de la moitié du fleuron, celle qui reste est néanmoins suffisante pour que l'on puisse constater que l'épreuve est aussi avant la dédicace.

GRASSY

(D'après)

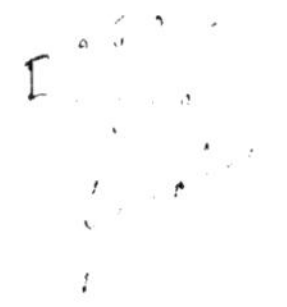

11 — *La Comtesse Kinsky?*

Représentée à mi-corps, de trois quarts à gauche, les bras croisés appuyés sur une balustrade.

Médaillon ovale équarri, gravé à la manière noire, par J. Bernard.

Très belle épreuve avant toutes lettres.

HOPPNER

(D'après J.)

12 — *Mrs Benwell.*

Gravé à la manière noire, par W. Ward. In-4°.

Très belle épreuve d'une ancienne copie publiée à Paris, chez Pavard. Marges.

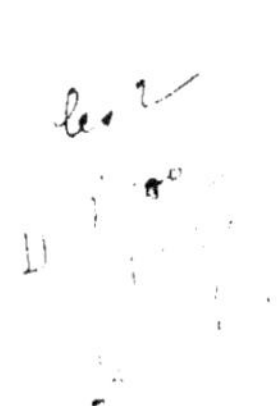

LAWREINCE

(D'après N.)

13 — *Le Billet doux.*

14 — *Qu'en dit l'Abbé?* (E. Bocher, 10 et 51.)

Deux pièces, faisant pendants, gravées par N. de Launay.

Très belles épreuves; celle de *Qu'en dit l'Abbé?* la seule de ces deux pièces où, dans cet état, il y ait des différences, est avant que Graveur *du* Roi, etc., ait été remplacé par Graveur *des* Rois, etc.

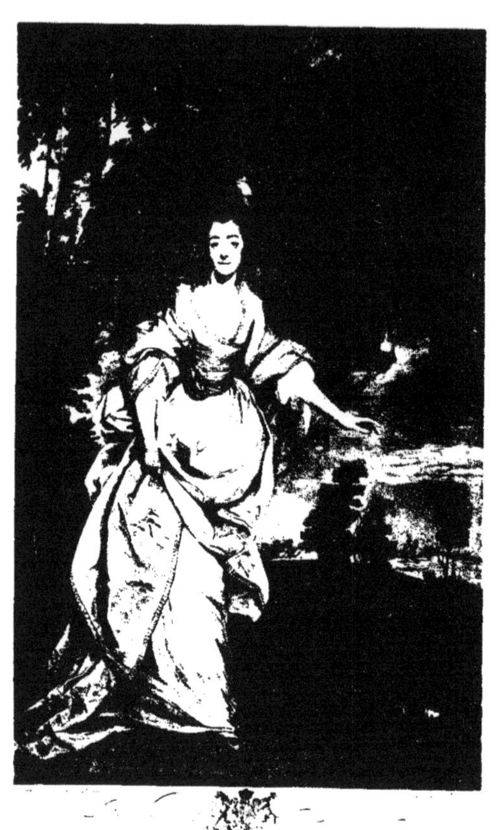

LAWREINCE

(D'après N.)

15 — *Le Déjeuner anglais*, par Vidal. (E. B., 17.)

Très belle épreuve imprimée en couleurs. Rare.

RAMBERG

(D'après R.)

16 — *Temptation.*

Médaillon ovale gravé par W. Ward, 1794.
Très belle épreuve. Marge.

REYNOLDS

(D'après Sir J.)

17 — *Diana, Viscountess Crosbie, en pied.* In-f°.

Gravée à la manière noire, par Dikinson, 1779.
Un des plus beaux portraits du maître.
Ancienne et superbe épreuve.

ROMNEY

(D'après G.)

18 — *Nature.*

Gravé à la manière noire, par J.-R. Smith. 1784. In-4°.

Portrait de *Lady Hamilton.*

Superbe épreuve. Marge.

SAINT-AUBIN

(Par et d'après A. de)

19 — *Au moins soyez discret.* (E. Bocher, 406.)

Portrait de Mme de Saint-Aubin.

Superbe épreuve avant toutes lettres, seulement le nom de l'artiste tracé à la pointe.

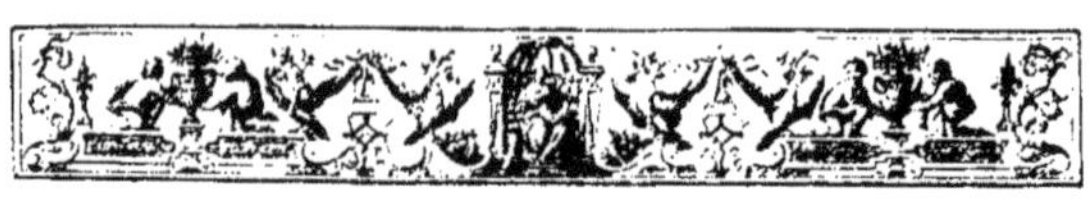

AQUARELLES

GOUACHES, PASTELS

MINIATURE

BOUCHER

D'après

DEUX PENDANTS

20 — *Le Bain de Diane.*

21 — *Nymphes au bord d'un cours d'eau.*

Gouaches.

[illegible]

CHARLIER

JACQUES

École française, XVIIIe siècle

22 — *Vénus et l'Amour.*

La déesse assise sur des étoffes de mousseline, au bord d'un cours d'eau, le haut du corps appuyé sur un tertre de gazon, tient un carquois enguirlandé de fleurs. L'Amour planant à gauche et vers le fond dans un nuage.

Gouache, de forme ronde.

[illegible]

CHARLIER
(JACQUES)

23 — *Le Triomphe de Vénus.*

Deux nymphes et des amours, soulevant des guirlandes de fleurs, entourent la déesse étendue sur un nuage. Près d'elle, un couple de colombes. A droite, une draperie bleue.

Gouache.

Haut., 12 cent.; larg., 18 cent.

HERNANDEZ

24 — *Un Pâtre romain.*

Aquarelle. Signée à droite et datée : *Rome, 1880.*

Haut., 57 cent.; larg., 41 cent.

LAMI
(EUGÈNE)

25 — *Elle aime à rire, elle aime à boire!*

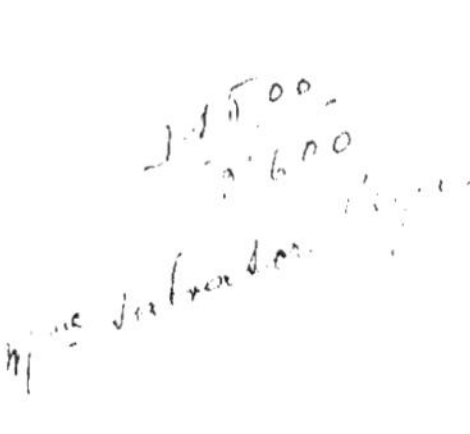

Une jeune villageoise est montée sur une table, buvant dans un long verre. Autour d'elle, des dragons et des soldats d'infanterie. L'un d'eux est debout au centre, en habit blanc, soutenant d'une main la jeune fille et levant de l'autre main son tricorne; un autre assis sur une chaise de paille et alourdi par les libations s'adosse au premier plan contre un tronc d'arbre. Dans le fond et à gauche, on aperçoit les tentes d'un camp.

Aquarelle gouachée.

Signée des initiales et datée : *1866.*

Haut., 23 cent.; larg., 23 cent.

LAMI
(EUGÈNE)

26 — *Le Porte-étendard.*

Un officier des Guides montant un cheval alezan.

Aquarelle. Signée à droite des initiales.

Haut., 15 cent.; larg., [illegible] cent.

LE BLANT
(JULIEN)

27 — *Un Chouan.*

Aquarelle. Signée à gauche.

Haut., 29 cent.; larg., 22 cent.

PASINI
(ALBERT)

DEUX PENDANTS

28 — *Danses arabes.*

29 — *Cortège oriental.*

Aquarelles. Signées et datées : *1866.*

Haut., 35 cent.; larg., 24 cent.

PASTIER

(J.-B. EMMANUEL)

(École française, XIXe siècle)

30 — *Psyché recevant le premier baiser de l'Amour.*

Miniature, d'après GÉRARD.

Signée et datée : *1837*.

Citée dans le *Dictionnaire des Peintres*, de A. SIRET.

Haut., 13 cent.; larg., 18 cent.

VILLEGAS

31 — *La Lecture du rapport.*

Aquarelle. Signée à gauche

Haut., 47 cent.; larg., 32 cent.

WEISZ

(A.)

32 — *Le Retour au logis.*

Aquarelle. Signée à gauche.

Haut., 38 cent.; larg., 24 cent.

ÉCOLE FRANÇAISE

(XVIIIe siècle)

33 — *La Toilette.*

34 — *Jeune Femme entrant au bain.*

35 — *Jeune Femme sortant du bain.*

Pastels de forme ovale.

Haut., 56 cent.; larg., 64 cent.

ÉCOLE FRANÇAISE

36 — *Portrait de Fillette.*

En robe de mousseline blanche, accoudée sur un large coussin bleu.

Pastel de forme ovale.

Haut., 64 cent.; larg., 52 cent.

Cadre en bois sculpté.

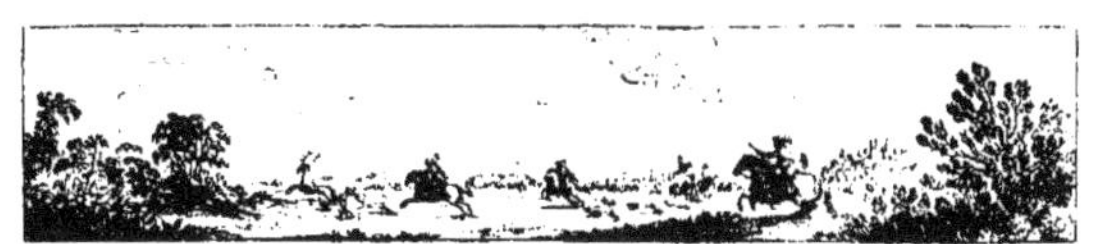

TABLEAUX

ANCIENS ET MODERNES

DESHAYS

(JEAN-BAPTISTE)

(Rouen, 1729-1765)

37 — *Le Duo champêtre.*

Une bacchante vue de face, assise sur un tertre et entourée d'une draperie verte, frappe un tambour de basque.

A ses pieds, au centre, sa compagne est assise drapée d'étoffes roses et rouges, jouant du flageolet.

A droite, une aiguière d'or, un plat d'argent et du raisin près d'un tonneau.

Toile. Haut., 80 cent.; larg., 92 cent.

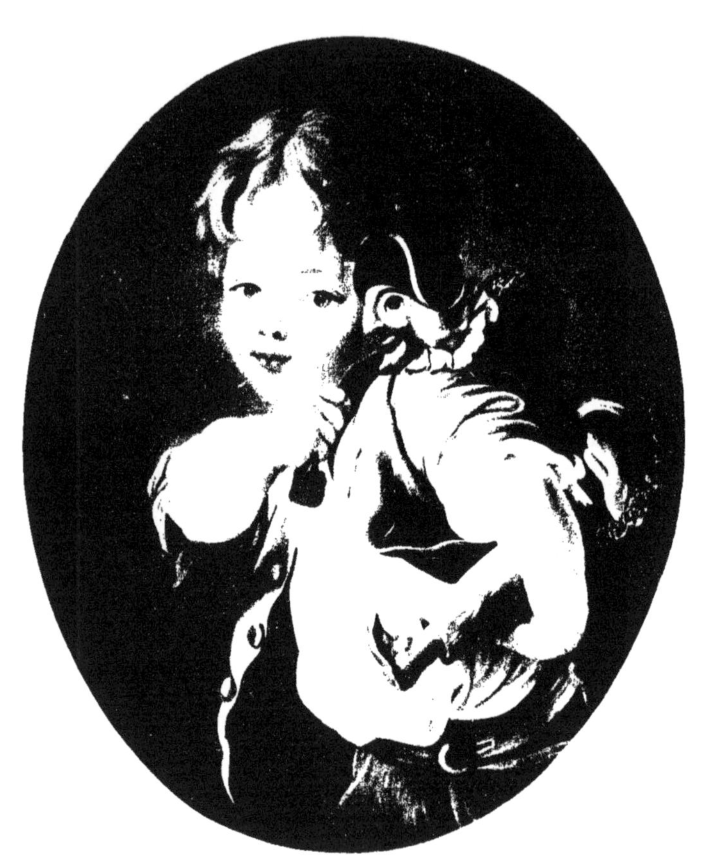

DROUAIS

(Atelier de)

38 — *L'Enfant au polichinelle.*

Un petit garçon blond, bouclé, les yeux bleus, en habit rose doublé de soie verte et largement ouvert sur une chemise blanche, les manches retroussées au-dessus des coudes, porte sur son dos un polichinelle au costume bariolé de rouge et de vert.

Toile de forme ovale.

Haut. 58 cent.; larg. 45 cent.

Cadre en bois sculpté.

DUPLESSIS

(JOSEPH SIFFRED)

Carpentras, 1725-1802

39 — *Portrait du Comte de Provence.*

Assis sur une chaise couverte de soie rose, il est tourné vers la droite, le visage presque de face, en habit de satin blanc brodé de fleurs, portant sous son jabot de dentelles les ordres royaux.

Toile de forme ovale.

Haut., 78 cent.; Larg., [illegible] cent.

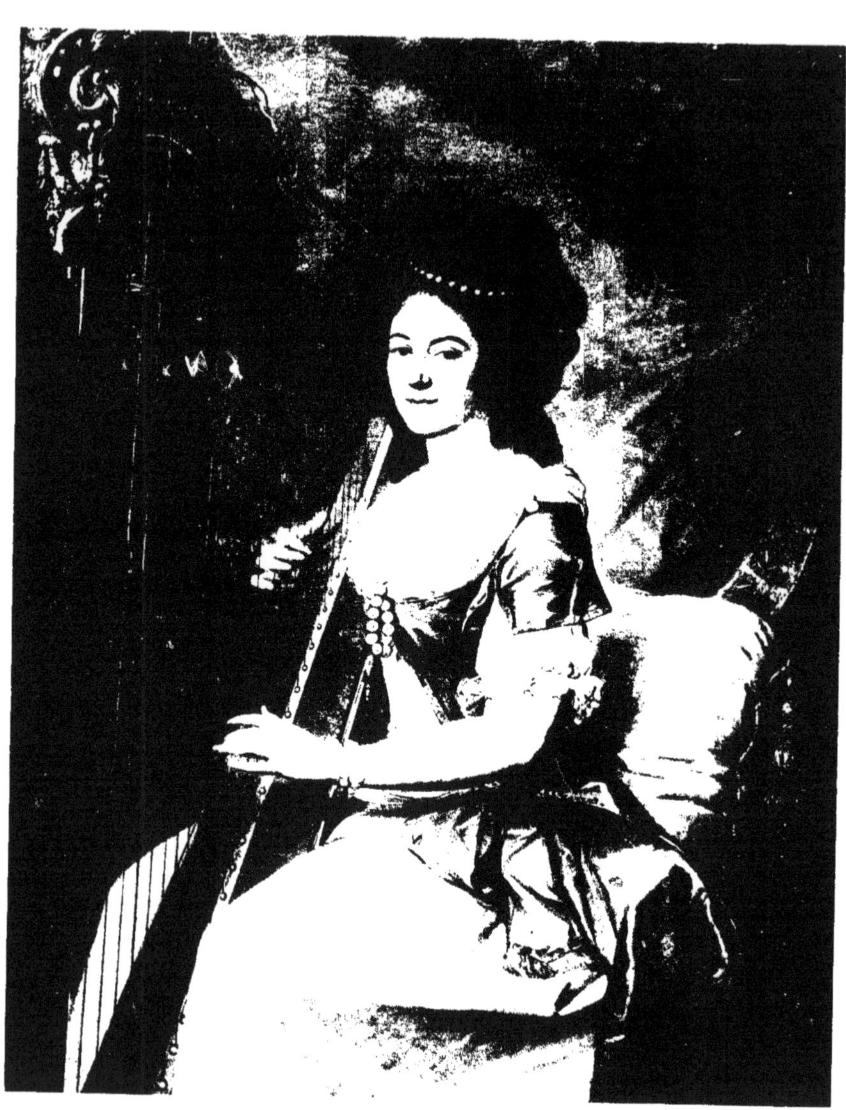

HEINSIUS

(JEAN-JULES)

Weimar, 1740-1812

40 — *Portrait présumé d'Anne-Henriette d'Assailly.*

Les cheveux bouclés, relevés et légèrement poudrés, ornés d'une chaîne de perles, en robe de soie grise bordée d'un galon d'or, décolletée et ouverte sur une jupe de satin blanc, une ceinture rose nouée à la taille, elle est assise dans un fauteuil de bois sculpté et doré, appuyée sur un coussin de soie rose à glands d'or, jouant d'une harpe à la crosse dorée.

Un rideau gris est drapé sur le fond.

Toile. Haut., [illegible] cent.; larg., [illegible] cent.

Cadre en bois sculpté.

ISABEY

(EUGÈNE)

Paris, 1803-1886

41 — *Le Départ pour la promenade.*

Sous le porche d'un château, deux dames en robes et manteaux de satin brodé d'or, coiffées de toquets à panaches blancs, franchissent une porte basse. La première, précédée d'un petit chien taché de feu, donne la main à une fillette. Un cardinal et un autre personnage suivent au second plan.

A gauche, deux pages, têtes découvertes, gardent des chiens devant un pilastre gothique.

Signé à droite et daté : *55.*

Bois. Haut., 40 cent.; larg., 31 cent.

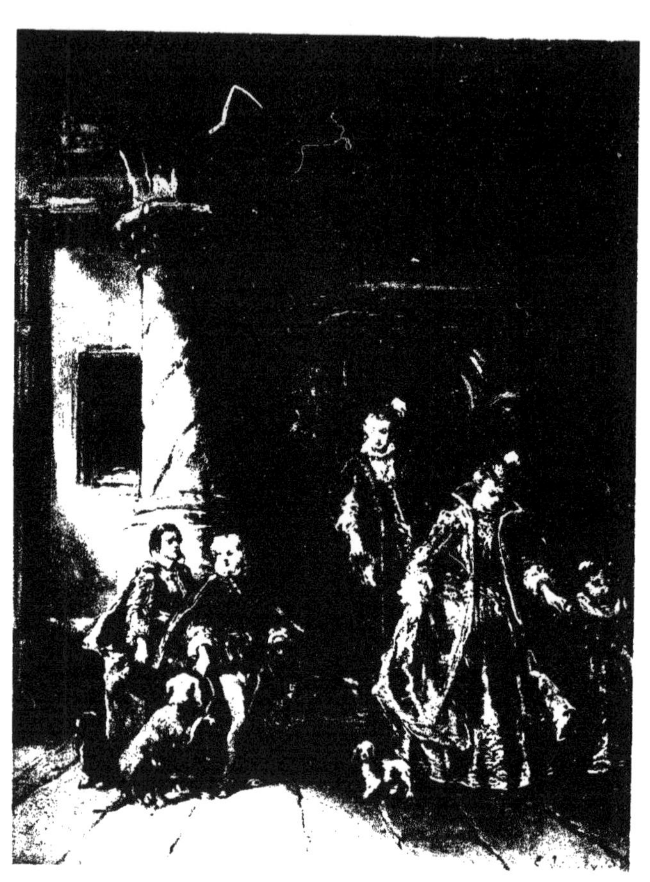

KOBELL

(GUILLAUME)

Mannheim, [illegible]

42 — *Le Pâturage.*

Un cheval gris pommelé est arrêté devant une palissade de bois, près d'une chèvre couchée au bord d'une mare.

A droite, une rivière s'étend vers le fond.

Signé à droite.

Bois. Haut., [illegible]

LAMBERT

(EUGÈNE)

43 — *Chiens et perroquet.*

Un King's-Charles, un griffon et un petit terrier blanc sont réunis devant un cacatoès à huppe jaune, posé sur un vase de cuivre.

Signé à droite.

Toile. Haut., [illegible]

MAAS

Attribué à NICOLAS

44 — *Portrait d'Homme.*

Vu à mi-corps, tourné de trois quarts à gauche, longue perruque bouclée pendant sur un manteau bleu brodé d'or; une cravate de dentelle nouée sous le menton.

Peinture sur cuivre de forme ovale.

Haut., 19 cent.; larg., 15 cent.

Cadre en bois sculpté à trophée guerrier.

MONI

(LOUIS DE)

Breda, 1698-1771

45 — *La Ménagère hollandaise.*

Une jeune femme est représentée dans l'embrasure d'une fenêtre de pierre, tenant une cruche et accoudée sur un vase de grès.

Au premier plan, une niche à chien et des cercles de tonneaux.

Signé à droite : *L. de Moni F.*

Bois. Haut., 32 cent.; larg., 26 cent.

NETSCHER

(GASPARD)

[illegible]

46 — *Gentilhomme dans un parc.*

Debout sur une terrasse, accoudé sur une balustrade ornée d'un tapis d'Orient, tête nue, cravate de dentelle nouée autour du cou, il est vêtu d'une ample robe bleue drapée sur un habit marron.

Fond de paysage, avec effet de soleil couchant.

[illegible]

Cadre en bois sculpté.

OSTADE

[illegible] ADRIEN VAN

47 — *La Femme au pichet de grès.*

Une femme âgée, coiffée d'un fichu blanc, vêtue d'un corsage aux manches rougeâtres et tenant dans ses mains une cruche à couvercle d'étain, est représentée à mi-corps devant une maison rustique dont la fenêtre est entourée d'une vigne grimpante.

[illegible]

REYNOLDS

(Genre de Sir JOSHUA)

48 — *Hébé.*

Une jeune femme aux cheveux châtains soulevés par le vent est représentée à mi-corps tournée vers la droite, le visage presque de face. En corsage rose décolleté, laissant les bras demi-nus, une écharpe de gaze voltigeant autour d'elle, elle tient de la main droite une aiguière.

Fond de ciel.

Toile. Haut., 75 cent.; larg., 62 cent.

Cadre en bois sculpté.

ROUSSEAU

(PHILIPPE)

49 — *Nature morte.*

Une bouteille dans un seau à glace, des oranges et un verre de vin sur une console de marbre.

Signé à droite.

Toile. Haut., 55 cent.; larg., 60 cent.

SPAENDONCK

(GERARD VAN)

(Tilborg, 1746-1822)

50 — *Un Vase de fleurs.*

Des fleurs dans un vase d'albâtre posé dans une niche en pierre décorée d'une guirlande et d'un bas-relief à jeux d'amours.

Signé à droite.

Toile. Haut., 55 cent.; larg., 60 cent.

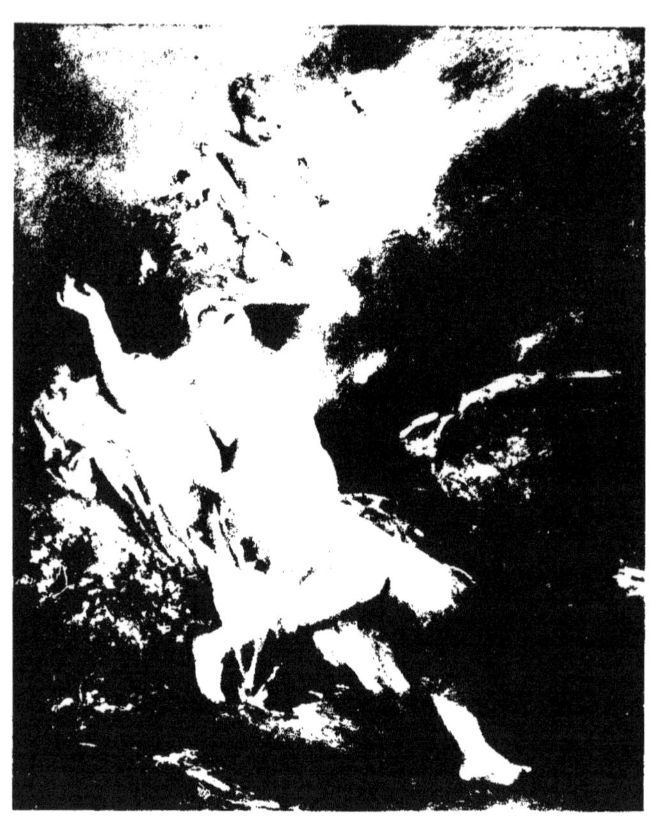

TASSAERT

(OCTAVE)

51 — *Danaé.*

Étendue sur des draperies blanche et bleue, les cheveux blonds épars, un voile de gaze autour de ses jambes, les bras ouverts, elle est en extase, les yeux levés au ciel.

A droite, un nuage enveloppant un aigle emblématique répand autour d'elle des vapeurs lumineuses.

A gauche, un buisson fleuri au bord d'une source.

Signé à gauche : *Oct. Tassaert. 1850.*

Toile. Haut., [illegible] cent.; larg., [illegible] cent.

VOLLON

(ANTOINE)

52 — *Fruits et pièces d'orfèvrerie.*

Une buire de porcelaine de Chine montée de bronze, un hanap, des pommes, des poires, du raisin, des prunes dans une coupe de cristal ou sur une table couverte en partie d'un tapis bleu.

Signé à gauche.

Toile. Haut., 90 cent.; larg., 70 cent.

WERFF

(ADRIEN VAN DER)

Kralingen, 1659-1722

53 — *Portrait d'un Chasseur.*

Un jeune homme est assis à l'entrée d'un bois, au pied d'un arbre, la main gauche appuyée sur un lièvre mort. Coiffé d'une longue perruque bouclée, il porte un manteau de velours marron sur un habit de soie bleu brodé d'or, découvrant un jabot de dentelle et d'amples manches de lingerie.

On remarque dans le fond un cerf sous bois.

Peinture sur cuivre.

Haut., 46 cent.; larg., 35 cent.

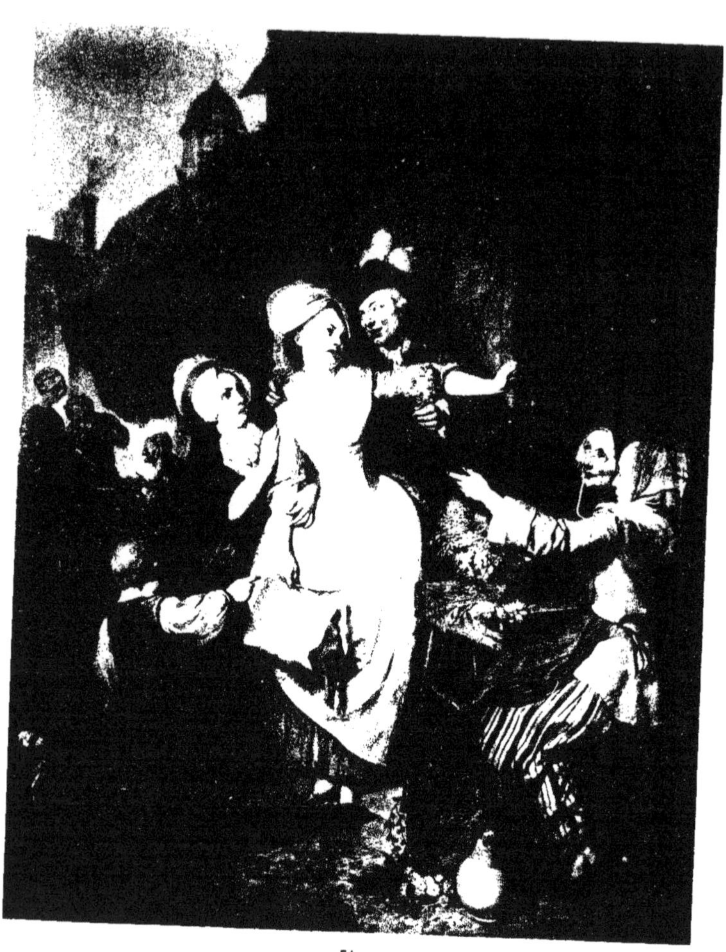

WILLE

(PIERRE-ALEXANDRE)

Paris, 1748-1821

54 — *Le Bouquet.*

Un jour de marché, plusieurs personnages sont réunis sur une place publique devant une marchande de fleurs. Au centre, une jeune fille blonde, coiffée d'un bonnet de tulle, vêtue d'une robe à large jupe sous un tablier de mousseline, manches courtes, les bras demi-nus, repousse un galant villageois coiffé d'un tricorne à plumes blanches qui lui offre un bouquet. Elle est accompagnée par une jeune femme en robe de soie puce, mantelet de satin noir, fichu noué sur la poitrine, bonnet blanc à ruban bleu. La fleuriste est assise devant son éventaire, un tablier bleu sur son corsage jaune et sa jupe rayée, un fichu bleu sur la tête : près d'elle, une femme âgée est coiffée d'un voile noir.

Au premier plan et à gauche, un petit garçon, en culotte rouge portant une boîte, montre du doigt les fleurs de la marchande. Sur le sol, un bouquet de lilas dans un vase et un panier renversé.

Dans le fond, une ménagère discute avec deux marchands de poissons. Le dôme d'une église s'élève sur le ciel au-dessus des maisons.

Signé : *P. A. Wille. Pxit* 1778. N° 40.

Toile. Haut., 92 cent.; larg., 74 cent.

Cadre en bois sculpté.

ÉCOLE FRANÇAISE

(XVIIIe siècle)

55 — *Portrait de Jeune Femme.*

Représentée à mi-corps de trois quarts à gauche, le visage souriant au spectateur, les cheveux châtains relevés et bouclés pendant sur la nuque, les épaules couvertes d'un mantelet de mousseline blanche, la main droite appuyée sur un nœud de ruban rose qui orne son corsage décolleté.

Toile de forme ovale.

Haut., 78 cent.; larg., 62 cent.

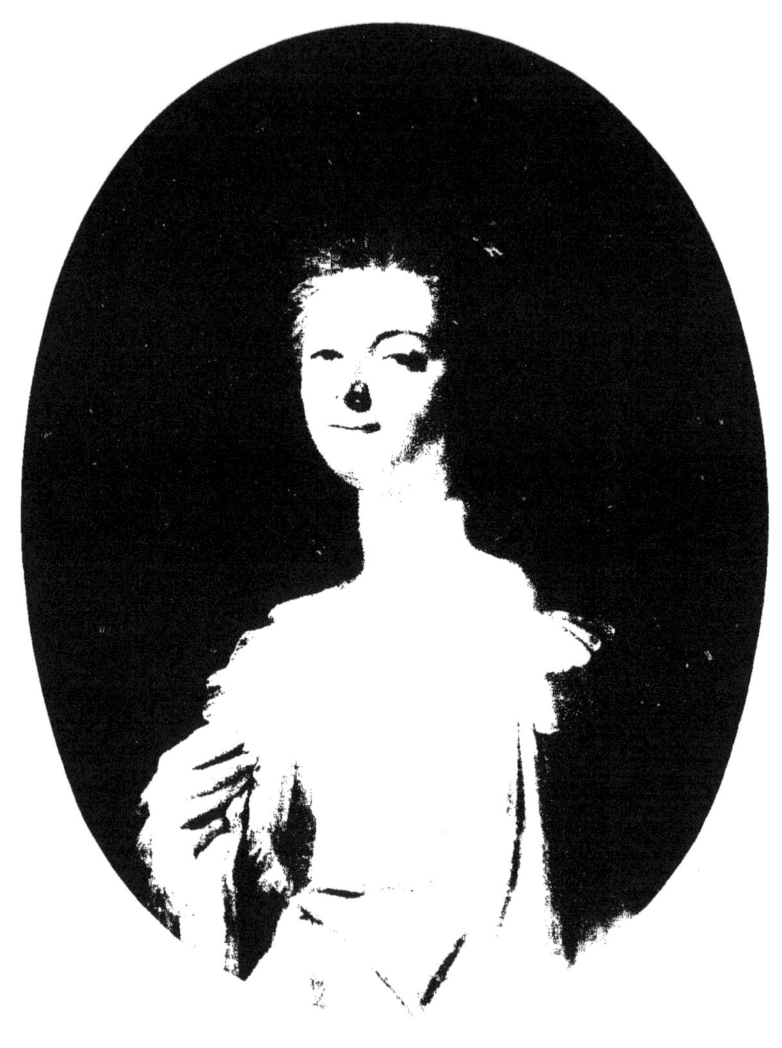

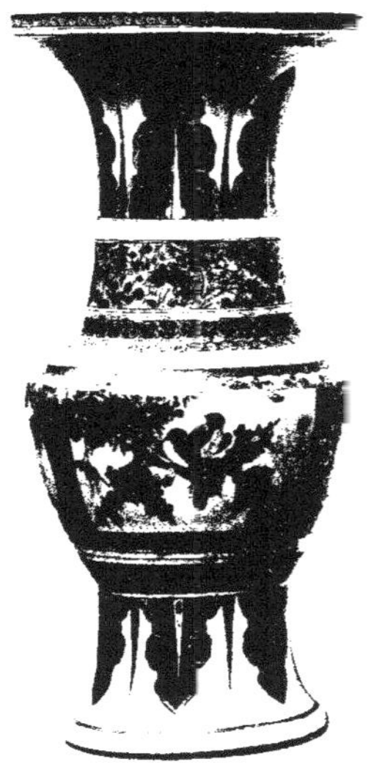

60

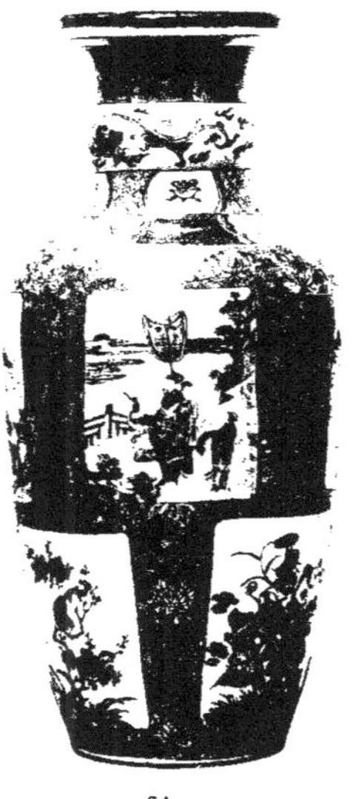

61

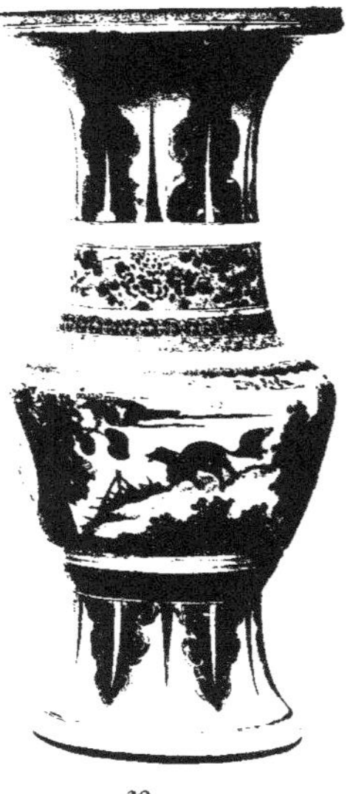

60

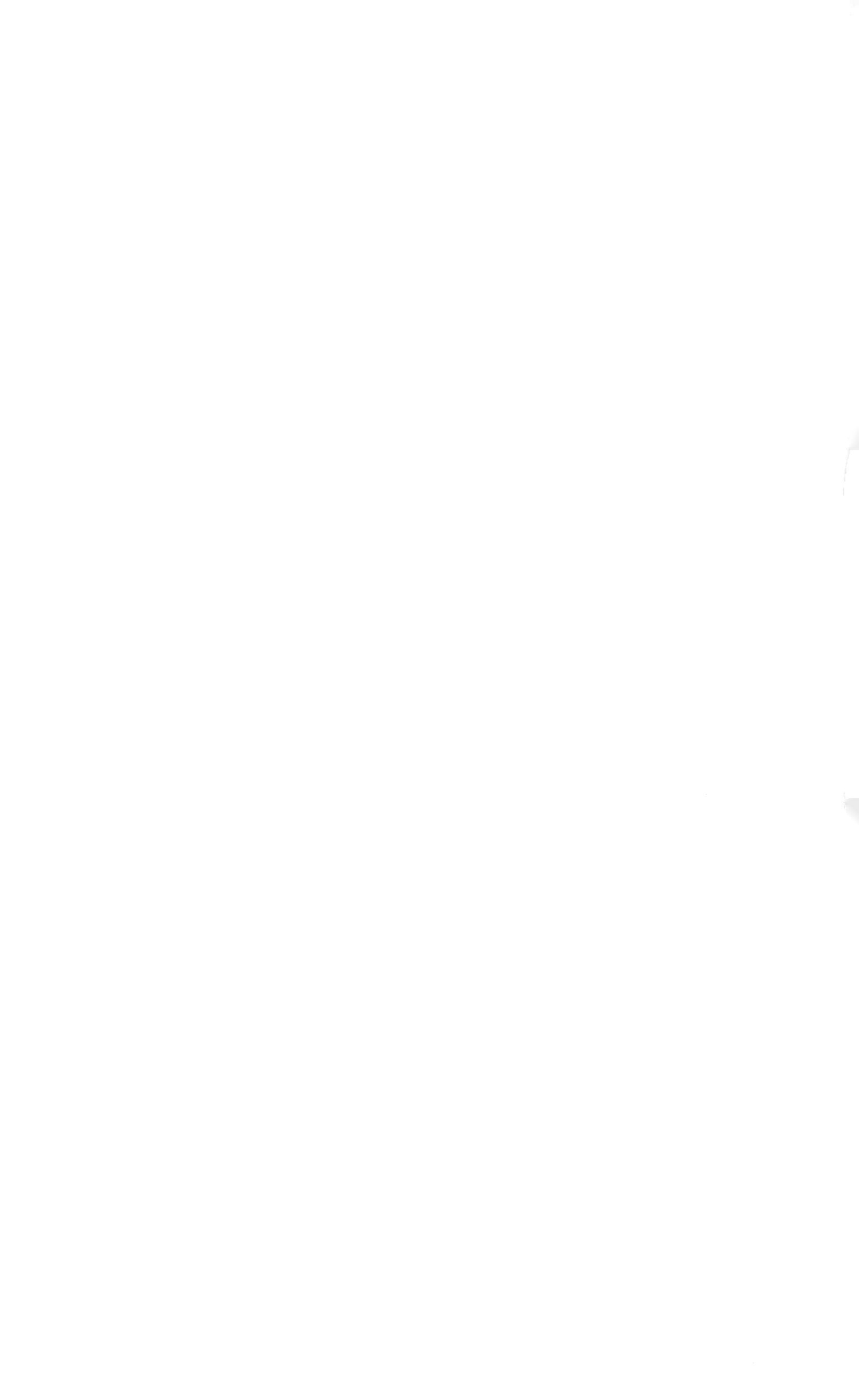

www.ingramcontent.com/pod-product-compliance
Ingram Content Group UK Ltd.
Pitfield, Milton Keynes, MK11 3LW, UK
UKHW020428180726
13839UKWH00003B/1402